LE
TROTTIN DE LA MODISTE

VAUDEVILLE EN DEUX ACTES,

PAR M. CLAIRVILLE,

REPRÉSENTÉ POUR LA PREMIÈRE FOIS, A PARIS, SUR LE THÉATRE DU PALAIS-ROYAL, LE 14 MAI 1847.

DISTRIBUTION DE LA PIÈCE.

ROCAILLON, ancien gendarme....................	MM. Leménil.
BURIDAN..	Luguet.
LORIOT...	Hyacinthe.
UN PORTIER.......................................	Remy.
APHANASIE, 1re demoiselle de magasin......	Mlles Ozy.
GELINOTTE,	Aline.
COLOMBE, } modistes................	Laurence.
CASCARINETTE,	Gabrielle.
MADAME BATAVIA, vieille modiste........	Lecomte.
UNE GARDE-MALADE..........................	Philibert.
UN GROOM.......................................	Anaïs.

Nota. Les personnages sont inscrits en tête des scènes dans l'ordre où ils sont placés relativement au spectateur. Le premier à gauche, etc. — Les changements de position sont indiqués par des notes. — Toutes les indications de mise en scène sont données de la salle.

ACTE I.

UN CARREFOUR.

Maison, avec balcon en saillie, à gauche, au deuxième plan. Une boutique de changeur, à droite, au premier plan. Sur un pan de mur, toujours à droite, un tableau, sur lequel on lit : « Madame Chafoin, garde-malade : S'adresser au distillateur. »

SCÈNE I.

BURIDAN, UN PORTIER.

BURIDAN, *une lettre à la main, sortant avec précipitation de la maison, à gauche.*

Vite ! vite père Goblot !... cette lettre, rue Vivienne, pour mademoiselle Aphanasie, chez madame Mignardise, modiste !... Courez !...

LE PORTIER, *sortant à droite.*

Je cours !

BURIDAN, *seul, s'essuyant le front.*

Père !... je suis père !... (*Effrayé de ce qu'il a dit.*) Chut ! malheureux !... si l'on m'entendait, nous serions perdus !... Pauvre Aglaé !... seule, loin de moi, quel a dû être son embarras !... et si notre tyran, si M. Rocaillon venait à découvrir... Ah ! c'est pour en perdre la tête !... Mais j'oublie qu'elle a besoin d'une garde... Une garde !... qui m'indiquera ?... (*Apercevant un tableau en face de la maison d'Aglaé.*) Ah ! ce tableau !... (*Lisant.*) « Madame Chafoin, garde-ma- » lade. — S'adresser au distillateur. » Ah ! c'est ici à côté !... Vite, faisons monter cette garde... Je voudrais déjà voir la garde montante !... (*Il entre dans la maison à droite.*)

SCÈNE II.

GELINOTTE, *suivie d'un petit trottin, vêtu en groom et portant un carton, entrant par le fond à droite.* MADAME BATAVIA, *portant elle-même son carton, entrant par la gauche. Elles marchent très-vite, et se heurtent au milieu du théâtre.* *

GELINOTTE.

Faites donc attention, avec votre carton !

* Gelinotte, madame Batavia.

ACTE I, SCÈNE II.

MADAME BATAVIA.

Si vous regardiez devant vous, petite bête !

GELINOTTE.

Cette voix !...

MADAME BATAVIA.

Cet air !...

GELINOTTE.

Ce nez !...

MADAME BATAVIA.

Gelinotte !

GELINOTTE.

Madame Batavia!... mon ancienne bourgeoise de la rue aux Fers!

MADAME BATAVIA.

Mon ancien petit clerc!... mon saute-ruisseau!...(*Elle va pour l'embrasser et aperçoit le trottin.*) Tiens ! qu'est-ce que tu as donc-là, derrière toi?... Mazette ! quel genre !

GELINOTTE.

Ah ! dame!... c'est qu'à présent, je suis dans le premier magasin de la rue Vivienne !

MADAME BATAVIA.

Tu as eu tort de me quitter, Gelinotte... Je me suis fait jour dans le Petit-Carreau... et depuis un mois, je coiffe la Pointe-Saint-Eustache.

GELINOTTE.

Oh! elle est si vieille, la Pointe-Saint-Eustache !

MADAME BATAVIA.

Je n'en ai que plus de mérite à la bien coiffer.

GELINOTTE.

Nous, chez madame Mignardise, c'est la Chaussée-d'Antin que nous coiffons... Ah! quelle différence entre ce magasin et le vôtre !...

AIR : *Du Piége.*

Au lieu de ce vieux paillasson,
Dont mes deux pieds, chez vous usaient la paille,
J'ai maintenant un tapis d'Aubusson
Et sur le velours je travaille.

MADAME BATAVIA.

Oui, vous avez des magasins fort beaux ;
Mais ce velours, que l'on montre aux pratiques,
Vous le prenez sur leurs chapeaux
Pour le mettre dans vos boutiques.

GELINOTTE.

Vous avez beau dire, quand je me rappelle vos grands vieux rideaux de calicot, qui interceptaient les déclarations... et que je les

compare à nos jolis petits rideaux de dentelle, qui se prêtent si bien
à tous les signes télégraphiques!... Ah!...

MADAME BATAVIA.

Ces demoiselles font le télégraphe?

GELINOTE.

C'est si gentil!

MADAME BATAVIA.

Mais c'est bien dangereux !

GELINOTTE.

A qui le dites-vous !

MADAME BATAVIA.

Ah bah!... est-ce que, par hasard...

GELINOTTE.

Non, pas moi... mais une de nos camarades... cette pauvre
Aglaé...

MADAME BATAVIA.

Elle télégraphait?

GELINOTTE.

Si bien, qu'un beau jour elle est partie...

MADAME BATAVIA.

Par le télégraphe ?

GELINOTTE.

Mon Dieu, oui.

MADAME BATAVIA.

C'est bien la peine de vous donner des domestiques pour porter
vos cartons!... Car je vois que l'on m'a dit vrai... vous ne sortez
plus aujourd'hui qu'avec... Comment appelez-vous ça ? *

GELINOTTE.

Un trottin. (*Le trottin va s'asseoir à gauche sur son carton.*)

MADAME BATAVIA.

Mais c'est du délire !

GELINOTTE.

Non pas, c'est du progrès... Chez toutes les grandes modistes, on
a à présent de ces choses-là... Nous en avons deux... ce petit là...
et un autre, plus long.

MADAME BATAVIA.

Pourquoi ne pas vous donner tout de suite une voiture, avec un
laquais derrière ?

GELINOTTE.

Mais... un laquais en guise de trottin, et une voiture en guise de
mes jambes... ça m'irait.

MADAME BATAVIA.

C'est égal... une demoiselle avoir toujours un jeune homme derrière elle !...

* Le trottin, madame Batavia, Gelinotte.

GELINOTTE.

Eh ! bien... c'est dans l'intérêt de la morale.

AIR : *Du Charlatanisme.*

Jadis on voyait, en marchant,
Trembler les modistes légères ;
Mais elles peuvent, maintenant,
Se moquer des plus téméraires.
Voilà notre garde du corps !...

MADAME BATAVIA.

Je crois qu'avec mainte égrillarde,
En dépit de tous ses efforts,
Bien souvent le garde du corps
Laisse prendre le corps de garde.

GELINOTTE.

C'est la jalousie qui vous fait parler.

MADAME BATAVIA.

Eh bien ! non, vrai... ces histoires de velours, de dentelles, de trottins... ça me donne envie de visiter le magasin de mademoiselle Mignardise...

GELINOTTE.

Comme ça se trouve !... Madame est absente, et toutes les demoiselles se sont cotisées pour un homard... Connaissez-vous le homard?

MADAME BATAVIA.

De réputation... je n'ai pratiqué que le hareng saur.

GELINOTTE.

Eh bien ! si vous voulez payer votre part du *pichenique,* ce soir, rue Vivienne...

MADAME BATAVIA.

Ma foi, ça me va !... nous rigolerons un peu. (*Elles remontent la scène, le trottin suit Gélinotte.*)

SCÈNE III.

LES MÊMES, BURIDAN, LA GARDE-MALADE.

BURIDAN, *sortant de la maison à droite, à la garde, qu'il entraîne.* *

Mais venez donc !... venez donc !...

GELINOTTE, *bas.*

Tiens ! qu'est-ce que c'est donc que ça ? (*Elles se tiennent à l'écart.*)

LA GARDE, *portant une grande tasse.*

Laissez-moi au moins finir mon café.

* Gelinotte, madame Batavia, *au fond,* Buridan, la garde.

BURIDAN, *prenant la tasse et buvant le café.*

Là ! voilà qui est fini !... (*La poussant.*) Dans cette maison, au premier !...

LA GARDE.

Mais, monsieur .

BURIDAN, *la faisant entrer à gauche.*

Je vous rejoins... allez donc !

MADAME BATAVIA, *bas.*

Une espèce de sage-femme !...

GELINOTTE, *de même.*

Un jeune homme émotionné !... C'est un roman qui se dénoue.

MADAME BATAVIA, *riant.*

Ou un conte jaune.

BURIDAN, *s'arrêtant au moment d'entrer et redescendant en scène.*

Qu'est-ce que j'oublie donc ?

GELINOTTE, *à madame Batavia, au fond.*

Vous viendrez ?...

MADAME BATAVIA.

C'est dit.

GELINOTTE.

Bien sûr ?

MADAME BATAVIA.

Je n'aime plutôt pas le homard.

GELINOTTE.

À ce soir !

MADAME BATAVIA.

À ce soir ! (*Elles sortent : madame Batavia à droite, Gelinotte à gauche.*)

SCÈNE IV.

BURIDAN, *seul.*

Ah !... voilà ce que j'oubliais !... c'est la nourrice... Je deviens fou !... Je suis du nombre de ces poules que leurs petits embarrassent... Une femme, un enfant sur les bras, pas un denier sur le grand-livre de la dette publique, et un père sur les talons !... Et quel père !... un ancien gendarme retiré... un ferrailleur, un spadassin, dont je connais l'adresse... et qui me tuera, s'il vient à connaître la mienne !... Car je lui ai pris sa fille, à cet homme, je l'ai même épousée , sans lui en demander la permission... ce qui est bien leste.

AIR : *De Turenne.*

Il voulait se donner, le chiche !
Un gendre très-riche et très-vieux :

> Un mari pas vieux et pas riche
> Pour Aglaé convenait mieux...
> Et de l'hymen je formai les doux nœuds.
> Il le fallait, dans ce moment d'alarme,
> C'était pour nous, une nécessité ;
> Car l'autre hymen était bien arrêté...
> Puisqu'il l'était par un gendarme !

Mais, au fait ! v'là que j'y pense !... quels sont ses droits, à ce Rocaillon... puisqu'il a laissé mettre sur l'acte de naissance de sa fille : Père et mère inconnus ?... Il n'a pas la loi pour lui... Ah ! s'il s'appelait Inconnu, il pourrait réclamer... Mais il s'appelle Rocaillon, et il veut, malgré ça !.. Bon ! je bavarde tout seul, et cette nourrice !... Non, voyons d'abord ce que fait cette garde... La garde ! la nourrice ! ma femme ! son père ! mon enfant !... et cette Aphanasie, qui ne vient pas !... Ah ! c'est à se donner à tous les diables ! (*Il entre dans la maison, à gauche, et on l'entend dire, quand il a disparu :*) S'il vient une jeune fille, mère Goblot, c'est pour nous... vous ferez monter...
(*La scène est restée vide.*)

SCÈNE V.

APHANASIE, *très-agitée ;* LORIOT, *la suivant par derrière , un carton à la main. — Ils entrent par le fond, à gauche.*

APHANASIE, *parcourant le théâtre, suivie par Loriot, qui emboîte le pas.*

Perdue !... perdue !... il a découvert son adresse.., je ne saurais en douter... Et ce billet que j'ai reçu !... ce billet qui m'annonce le fatal événement !... Ah ! c'est pour en mourir !... Comment empêcher qu'il arrive ?... Oh ! si j'étais un homme !... Oh ! pour être un homme, je donnerais !... Je ne donnerais rien du tout... car j'aurais une femme, et je n'y ai pas confiance... Cette pauvre petite Aglaé, n'est-ce pas moi qui, par mes conseils... Mais aussi quel tyran, quel despote, quel autocrate que ce Rocaillon !... (*Ici Loriot, qui, depuis son entrée, suivait Aphanasie par derrière avec son carton, prend le parti d'aller s'asseoir sur une borne , à gauche. — Aphanasie continue à marcher.*) Et l'on a fait un code pénal !... pourquoi faire ?... je vous le demande... si l'on n'a pas seulement la liberté d'avoir un cœur... et d'en faire l'usage voulu !... si l'on doit... (*A ce dernier mot, elle se trouve en face de Loriot, qui est resté sur sa borne.*) * Qu'est-ce que vous faites là, monsieur ?

LORIOT.

J'attends.

APHANASIE.

Quoi ?

* Loriot, Aphanasie.

LORIOT.

Je ne sais pas.

APHANASIE.

Imbécile !... suivez-moi.

LORIOT.

Encore ?

APHANASIE.

Vous dites ?...

LORIOT.

Je dis... encore ?

APHANASIE, *croisant les bras.*

Encore !

LORIOT, *se levant.*

Mademoiselle... nous sommes partis, il y a deux heures et pas mal de minutes... pour aller porter un chapeau, place de la Bourse... Nous sortons d'un magasin situé rue Vivienne, et je vous vois tourner du côté du Palais-Royal... ce qui n'est pas du tout le chemin... mais je suis payé au mois pour vous suivre, je vous suis... Ah ! si j'étais à la course !... mais je suis au mois... Arrivé au bassin, vous vous mettez à en faire le tour, en vous adressant des aparté pleins d'agitation... je vous suis en ne m'adressant rien du tout... Je suis payé au mois, je ne suis pas à la course... Vous tournez, je tourne... nous tournons quarante-six fois autour du bassin... je les ai comptées... Je vous suis, vous vous arrêtez, je respire... Vous repartez, je vous *resuis*, et nous arrivons à l'Obélisque... Nouveau manége autour de ce monument, orné de petits canards égyptiens, qui m'ont distrait quelques instants... Vous retournez, je retourne ; vous vous arrêtez, je m'arrête ; vous repartez, je repars, et nous *revoilà* devant le bassin du Palais-Royal... Vous *re* retournez, je *re* retourne... Vous *re* repartez, je *re* repars, et vous me conduisez sur cette place, où vous vous apprêtez à *re re* retourner !... Oh ! non, non !... je ne suis pas de force, je n'en joue plus... c'est amusant, mais je n'en joue plus.

APHANASIE.

Monsieur Loriot !... oubliez-vous que vous êtes mon trottin ?...

LORIOT, *avec amertume.*

Ah ! voilà le mot... je l'attendais... Je me disais : Il va venir.

AIR : *De Téniers.*

Être trottin ! trotter sans cesse !..
J'aimerais mieux, tenez, être carlin !
Car un carlin, porté par sa maîtresse,
Fait sur ses bras les trois quarts du chemin !
Derrière vous, comme un toutou fidèle,
Soir et matin, vous me faites trotter...
Et vous n'avez jamais, mademoiselle,
    Jamais offert de me porter !...
Quand m'avez-vous offert de me porter ?

APHANASIE. *à elle-même, sans l'écouter.*

Que faire?... attendre?... mais où?... sur cette place, impossible! *

LORIOT, *la suivant et lui parlant, sans qu'elle fasse attention à lui.*

Dire que moi, Loriot, ex-garçon tailleur!... car je ne suis pas trottin de naissance, mademoiselle... j'ai passé les premières années de ma vie à me croiser les jambes... et je ne serais pas où j'en suis, sans *Agnès de Méranie!*

APHANASIE, *s'arrêtant, étonnée.*

Agnès de Méranie?... quel rapport...

LORIOT.

Ah! c'est tout un drame!... pas *Agnès...* mon histoire... Le tailleur chez qui j'étais coupeur, M. Chipmann, avait une épouse très folichonneuse, qui était en butte à un brigadier de spahis... Le mari m'avait alloué des fonds secrets pour surveiller la tailleuse et le sous-officier... et je surveillais ferme... Cette perfide épouse, après avoir essayé de me corrompre, puis de m'endormir par des opiacés... me mit un jour dans les mains ladite *Agnès de Méranie...* Inutile de vous dire qu'un assoupissement complet fut le résultat des trois premiers actes... (J'ai la plus haute opinion des deux derniers...) A mon réveil, le spahis avait enlevé la bourgeoise, et le bourgeois me mettait à la porte d'une façon!... Tout ce que je peux vous dire, c'est qu'en rentrant chez moi, il me fallut brosser les basques de mon habit.

APHANASIE.

Je saisis!...

LORIOT.

Voilà comme je me trouvai sur le pavé, que depuis je n'ai plus quitté. (*Il laisse tomber le carton.*) **

APHANASIE.

Tenez donc mieux ce carton !

LORIOT, *le ramassant.*

Ah! je vais vous dire, c'est qu'il est d'un lourd!...

APHANASIE, *à elle-même, en marchant.*

M'écrire et ne pas me donner son adresse !.. quel étourdi !...

LORIOT, *continuant à la suivre*

Pristi ! on fait des chapeaux bien lourds, cette année!.. Ah ! sans l'amour qui me soutient... Car je suis amoureux, mademoiselle, amoureux d'une personne qui ne voit pas ce qui se passe derrière elle... Ma seule consolation est de lui chiper une foule de brimborions... que je porte, silencieusement, entre le cuir et la flanelle !

APHANASIE, *marchant sans l'écouter.*

Si je m'informais?... Ce ne peut être loin d'ici... Voyons dans cette maison... (*Elle entre dans la maison, à droite.*)

* Aphanasie, Loriot.

** Loriot, Aphanasie.

LORIOT.

Oui, mademoiselle, tout ce qu'elle a touché, tout ce qu'elle a respiré... (*Ne la voyant plus.*) Eh bien?... et son carton?... Elle entre sans son carton!... Mademoiselle!... Ah! bien, oui! la voilà tout au fond de la cour... (*Baissant la voix.*) Profitons de cet instant, pour voir ce qu'il y a de si lourd dans ce carton?... (*L'ouvrant*) car il est impossible qu'un léger chapeau de femme .. (*Regardant dans le carton.*) Ah!... Je le disais bien... il est plein comme un... (*Tirant un petit bonnet d'enfant, qu'il arrondit autour de ses doigts.*) Tiens!... (*Tirant une petite brassière, qu'il déploie.*) Ah bah !...

AIR : *Des Frères de lait.*

Quoi! c'était là le genre de bagage
Qu'à mon insu ce carton contenait !...
    A qui donc ce petit corsage ?...
    A qui donc ce petit bonnet ?...
    A qui donc corsage et bonnet ?...
Ce serait-il pour sa propre toilette ?...
Non... plus je vois les deux objets ci-joints...
        (*Montrant le petit bonnet.*)
Dans celui-ci, ne tiendrait pas sa tête...
        (*Montrant le petit corsage.*)
Dans celui-là... ça tiendrait encor moins.
Dans celui-là, ça n'tiendrait *pas du tout.*

(*Fouillant dans le carton.*) Encore?... encore?... C'est une layette!... c'est une...

APHANASIE, *en dehors.*

Vous dites, la porte en face?

LORIOT.

Dieu ! c'est elle ! (*Il ferme le carton et se place devant.*)

APHANASIE, *rentrant.*

Oh! s'il était vrai... ce serait trop de bonheur!... (*Elle se précipite vers la gauche.*)

SCÈNE VI.

BURIDAN, LES MÊMES. *

BURIDAN, *entrant précipitamment par la gauche, et rencontrant Aphanasie.*

Ah!

APHANASIE.

Buridan!

BURIDAN.

Aphanasie!

* Buridan, Aphanasie, Loriot, deuxième plan, *à droite.*

APHANASIE.

C'est vous !

BURIDAN.

C'est toi !

LORIOT, *qui renouait les cordons du carton.*

Toi ?

APHANASIE.

Eh ! bien ?...

BURIDAN, *s'essuyant le front.*

Tiens, vois !.. la joie, la crainte, le bonheur , le désespoir... j'ai chaud, j'ai froid, je ris, je pleure!.. Viens, que je t'embrasse !....

LORIOT, *à part.*

Oh !

APHANASIE.

Ce billet, que vous m'avez écrit... voyez... ne pas seulement me donner votre adresse !

LORIOT, *à part.*

Horreur !

BURIDAN, *qui parcourait l'écrit.*

Etourdi !

APHANASIE, *bas, à Buridan.*

J'apporte la layette.

BURIDAN.

Où est-elle ?

APHANASIE.

Dans ce carton·

BURIDAN.

Ah ! je veux voir...

APHANASIE, *l'arrêtant.*

Chut !... ce garçon croit tenir un chapeau...

LORIOT, *à part.*

Que peuvent-ils se dire, en me lorgnant du coin ?

APHANASIE.

Mais voyons, parlez donc!... Ce cher trésor... est-ce un garçon, une fille ?

BURIDAN, *vivement.*

Ah !

APHANASIE.

Quoi donc ?

BURIDAN.

Je n'en sais rien !

APHANASIE.

Comment ?

BURIDAN.

J'étais si pressé!... je n'ai pas vu... sa figure.

APHANASIE.

Ah! par exemple !...

BURIDAN.

Mais c'est un garçon. j'en suis sûr... ou une fille, c'est encore possible... Enfin, c'est un enfant superbe!... Viens, que je t'embrasse!

LORIOT, *à part.*

Oh! oh!... je ne peux pas voir ça, fichtre!

APHANASIE.

Et des nouvelles du père d'Aglaé?... du Rocaillon?

BURIDAN.

Aucune... Mais tu sais qu'il devait nous poursuivre jusqu'à Paris... et, dans ce moment terrible... s'il venait à nous découvrir ... Pauvre Aglaé... une telle révolution !...

APHANASIE.

Il faut empêcher cela... Une idée!... Je vais donner mon nom à votre portier... vous changerez le vôtre ..

BURIDAN.

Mon portier ?...

APHANASIE.

Votre nom!... et nous serons censés demeurer ensemble... Le Rocaillon ne vous connaît pas, ne m'a jamais vue, et ce sera charmant de l'éconduire nous-mêmes.

BURIDAN.

Délicieux , adorable!... Viens, que je t'embrasse !

LORIOT, *à part.*

Oh! oh, oh... c'est dégoûtant! ce qu'il fait, ce jeune homme-là.

APHANASIE.

Ah! mais, vous embrassez trop !

LORIOT, *à part.*

Beaucoup trop !

BURIDAN.

Justement, voilà M. Goblot, mon portier.

GOBLOT, *entrant par la droite.*

Monsieur, j'ai remis vot'lettre. *

BURIDAN.

Et ma lettre m'est revenue avant vous.

GOBLOT.

Tiens ! c'est vrai... c'est à mademoiselle...

* Buridan, Goblot, Aphanasie, Loriot, *au fond.*

APHANASIE, *au portier, à demi voix.*

AIR : *De Jeannot.*

J'aurais, monsieur Goblot,
A vous révéler un mystère;
Mais vous n'en direz mot !

GOBLOT.

Madame, un portier sait se taire.

BURIDAN, *bas à Aphanasie.*

Ah ! j'oubliais qu'à l'instant
Cette nourrice m'attend !

APHANASIE.

Étourdi ! mais courez donc !
(*A Loriot.*)
Vous, donnez-moi ce carton.
(*Elle prend le carton des mains de Loriot. — A Goblot.*)
Vite le cordon !
Ne restons pas sur cette place.
(*A Buridan.*)
Et vous, partez donc !

BURIDAN.

Il faut encor que je t'embrasse !

LORIOT, *à part, avec rage.*

Ah ! goujat ! maroufle ! croquant ! malotru ! (*Buridan se retourne,
Loriot le salue, en souriant.*)

REPRISE ENSEMBLE.

APHANASIE.

Je vais vous révéler
Le plus intéressant mystère;
Mais n'allez pas parler,
Songez qu'un portier doit se taire !

LE PORTIER.

Vous pouvez révéler
N'importe quel grave mystère !
Je ne sais plus parler
Lorsqu'on m'a prié de me taire.

BURIDAN.

On va vous révéler
Le plus intéressant mystère !
Mais, n'allez pas parler,
Songez qu'un portier doit se taire !

LORIOT.

Je saurai dévoiler,
Bientôt, ce ténébreux mystère !
Partout j'en veux parler,

Moi, rien ne m'engage à me taire !

Aphanasie sort à gauche, précédée du portier. Buridan sort à droite.

SCÈNE VII.

LORIOT, *seul.*

Et elle entre chez ce jeune homme !... qui l'a embrassée fréquemment, et qui l'a tutoyée comme du temps de la République !... tandis que je reste à la porte, moi, qui idolâtre cette femme !... Car, voilà ma position... je la crois neuve... Être obligé par état de suivre par les rues une modiste par derrière !... Adorer cette modiste, et ne pouvoir flanquer des giffles, des calottes, des dégelées, des tripotées à des jeune-hommes qui l'embrassent beaucoup !... Mais tu ne vois donc pas que je t'aime, malheureuse !... tu ne devines donc pas que c'est toi qui peuples mon gilet de flanelle des articles variés dont je t'ai entretenue !... Et j'en ai gros sur le cœur, va ! ... Ah ! (*Montrant successivement les objets dont il parle.*)

AIR : *L'autr' soir à la chaumière.*

1er.

Un bouquet de violette
   Tout sec,
    Avec
Une vieille manchette,
   Sans son
   Bouton ;
Un cheveu solitaire
   Si fin !...
   Enfin,
La moitié d'une paire
   De gants
   Pas blancs...
   (*Sur la ritournelle.*)
Que de gages charmants !
Pourtant, jamais ensemble,
Nous n'avons, ce me semble,
Joué de jeux innocents.

2.

Dieu ! quelle pacotille
   J'ai là !...
   Voilà
Un ruban, une aiguille,
   C'dé d'or
   Encor ;

Cett' vieille jarretière,
C'restant
Tentant
D'un ex-gâteau d'Nanterre
Que j'ai
Mangé...
Que de gages charmants ! etc.

Voilà comme je l'aime, cette femme !... et au lieu de chapeaux, elle me fait porter des layettes !... Ah ! l'on ne sait pas assez tout ce que renferme un carton de modiste !...

SCÈNE VIII.

LORIOT, ROCAILLON. *

ROCAILLON, *entrant par la gauche, une canne à la main et d'un air farouche.*

Impasse Saint-Nicolas, n° 7... c'est ici !

LORIOT.

Quel est ce monsieur ?

ROCAILLON.

Oh ! la fureur !... je la tuerai !

LORIOT, *à part.*

Que je n'aimerais pas à rencontrer ce monsieur-là vers minuit trois quarts !

ROCAILLON·

La tuer ! elle, ma fille !... oh ! non !... mais lui, lui, le vil gredin !

LORIOT, *à part.*

Aphanasie est bien longtemps.

ROCAILLON·

Entrons. (*Se trouvant en face de Loriot.*) Que faites vous là ?

LORIOT.

Et vous ?

ROCAILLON.

Arrière !

LORIOT.

Vous dites ?

ROCAILLON·

Otez-vous de là !

LORIOT.

Est-ce que j'encombre la voie publique ?...

ROCAILLON, *à part.*

Eh mais, j'y pense !... cet homme, placé en sentinelle devant cette maison... (*Haut.*) Que faites-vous ici ?

* Loriot, Rocaillon.

LORIOT.

J'attends quelqu'un.

ROCAILLON.

Qui ?

LORIOT.

Mademoiselle Aphanasie.

ROCAILLON.

Vous êtes ?...

LORIOT.

Son trottin.

ROCAILLON.

Son ?...

LORIOT.

Trottin.

ROCAILLON, *à part, examinant Loriot.*

Cette figure ne m'est point inconnue... si c'était un complice!..
(*Haut.*) Et cette personne que vous attendez... c'est...

LORIOT.

C'est une modiste.

ROCAILLON, *vivement.*

Une modiste ?... Et vous la nommez ?...

LORIOT.

Aphanasie.

ROCAILLON.

Elle aurait changé de nom ?

LORIOT.

De nom, non.

ROCAILLON.

Je vous dis, moi que, dans cette maison, il n'y a de modiste qu'A-
glaé!...

LORIOT.

Qu'Aglaé ?

ROCAILLON.

Vous le savez bien... et si, comme je n'en doute plus, vous êtes
un confident, un complice!... (*Il tire à moitié de sa canne une lame
de fleuret, qu'il renfonce aussitôt.*) Je ne vous dis que ça.

LORIOT.

Pardon, monsieur... je vous ferai observer que ce genre de canne
est très-mal porté... Quand on en porte, il faut aussi porter quinze
francs, sans quoi on est immédiatement porté à la Préfecture... Je
ne vous dis que ça.

ROCAILLON.

Soit, monsieur, on m'arrêtera... mais je l'aurai tuée !

LORIOT.

Ah ! grand Dieu !... la tuer !... * Mais j'en réponds, monsieur !...
Mais elle m'a été confiée, monsieur !

ROCAILLON.

Ah ! ah !

LORIOT.

On me la retiendrait sur mes gages !

ROCAILLON.

Aglaé ?

LORIOT.

Non, Aphanasie.

ROCAILLON, *à part.*

Où ai-je donc vu cet homme ?... (*Haut et brusquement.*) Où vous
ai-je vu, monsieur ?...

LORIOT

Je ne sais pas.

ROCAILLON.

N'avez-vous pas été garçon chez mon ami Pimprenelle, épicier ?

LORIOT.

Jamais !

ROCAILLON.

N'avez-vous pas été garçon boucher chez mon ami Bouvard ?...
Vous me faites l'effet d'un garçon boucher.

LORIOT.

Garçon, oui ; bouché, non.

ROCAILLON.

N'avez-vous pas été garçon tailleur chez mon ami Chipmann ?...

LORIOT, *vivement.*

Chipmann ?... jamais !

ROCAILLON.

Il est vrai que j'ai peu remarqué ses garçons... Un seul excepté,
et encore il nous tournait le dos... C'était un jour, qu'entre mon ami
et lui, il n'y avait que l'épaisseur d'une semelle.

LORIOT, *s'oubliant.*

Ah ! vous étiez là ?...

ROCAILLON.

Est-ce que c'était...

LORIOT, *très-haut.*

Connais pas, Chipmann !.. connais pas !..

ROCAILLON.

Mais, alors, qui êtes-vous ?... Comment vous nommez-vous ?

LORIOT.

Loriot.

* Rocaillon, Loriot.

ROCAILLON.

Vous aviez dit trottin?...

LORIOT.

Oui, je suis trottin.

ROCAILLON.

Pourquoi dites-vous maintenant Loriot?

LORIOT.

Oh! mais, il embrouille tout, ce malheureux là!

ROCAILLON.

AIR : *Voici ma tante Lajonchère.*

A l'interroger je m'enroue!
Mais sachons quel nom est le sien...
  (*A Loriot.*)
Vous êtes Trottin?

LORIOT.

Je l'avoue.

ROCAILLON.

Vous êtes Loriot?

LORIOT.

Très bien.

ROCAILLON.

Bon! m'y voilà, deux noms ensemble...
Vous êtes... j'y suis à la fin...
Trottin Loriot, ce me semble?

LORIOT.

Non, je suis Loriot Trottin.
Trottin, Loriot vont ensemble,
Mais Loriot avant Trottin.

SCÈNE IX.

LES MÊMES, BURIDAN. *Buridan entre par la droite sur les derniers vers du couplet, et s'arrête au fond à gauche.*

ROCAILLON.

Au surplus, monsieur Trottin, si vous êtes ce que je pense... (*Il
tire le fer de sa canne.*)

LORIOT, *vivement.*

Rengaînez!... vous compromettez vos quinze francs!... Vous
disiez?...

ROCAILLON.

Je disais que je me vengerai, foi de Rocaillon!

BURIDAN, *à part.*

C'est lui!

LORIOT.

Eh bien! oui, vengez-vous... mais épargnez ma maîtresse!

ROCAILLON.

Votre mai...

LORIOT.

Tresse !

ROCAILLON.

Aglaé ?

LORIOT.

Eh non, Aphanasie ! (*A part.*) En voilà un qui m'embête avec son Aglaé !

ROCAILLON, *le regardant, à part.*

Oh! non, c'est impossible... Ce n'est pas là ce jeune homme que l'on me disait si beau, si élégant, si spirituel... (*Haut.*) Monsieur... vous êtes un imbécile...

LORIOT.

Oh !

ROCAILLON.

Ou un homme d'infiniment d'esprit...

LORIOT.

Ah !

ROCAILLON.

Si vous êtes un imbécile, je ne vous en veux pas... dans le cas contraire, votre bêtise est un rôle, votre livrée est un déguise-ment.

BURIDAN, *à part.*

O bonheur !... il soupçonne ce garçon !

ROCAILLON.

Et voilà comme je punis les traîtres ! (*Il tire le fer de sa canne.*)

LORIOT.

C'est quinze francs!. . quinze francs, monsieur, quinze francs!

BURIDAN, *passant à droite et regardant à la cantonade.*

Ciel! la nourrice que j'aperçois!

ROCAILLON, *prenant Loriot et le faisant pirouetter.*

Arrière! (*Il entre dans la maison, à gauche.*)

SCÈNE X.

LES MÊMES, *moins* ROCAILLON, *puis* LA NOURRICE. *

BURIDAN, *effrayé.*

Il entre chez Aglaé !

LORIOT, *de même.*

Il va tuer Aphanasie !

* Loriot, Buridan, la nourrice.

BURIDAN.

Et cette nourrice qui va nous perdre !...

LORIOT, *prêtant l'oreille.*

Je n'entends rien... Est-ce qu'il l'étoufferait sous un mate-
las ?...

BURIDAN.

Oh ! quelle idée !... puisqu'il a déjà soupçonné ce garçon...

LA NOURRICE, *entrant.*

Me v'là, monsieur...

BURIDAN, *bas, en le prenant à part.*

C'est bien... je vais vous présenter au père...

LA NOURRICE.

C'est donc pas vous ?

BURIDAN.

Non... venez.

LORIOT, *toujours à la porte.*

Oh ! si j'osais, si j'osais !...

BURIDAN, *lui frappant sur l'épaule.*

Monsieur...

LORIOT, *se retournant.*

Monsieur ?

BURIDAN, *lui montrant la nourrice.*

Voilà, monsieur... c'est la plus belle que j'aie pu trouver.

LORIOT.

Hein ?... plaît-il ?

BURIDAN.

Elle a beaucoup de lait. (*Il entre dans la m aison, à ç auch*

LORIOT.

La plus belle, qui a beaucoup de lait ?

SCÈNE XI.

LORIOT, LA NOURRICE.*

LA NOURRICE.

Vot' servante, monsieur.

LORIOT.

C'est moi qui suis bien la vôtre...

LA NOURRICE.

Oùc' qu'est le petit ?

LORIOT.

Le petit ?

* Loriot, la nourrice.

LA NOURRICE.

Oui, le p'tit.

LORIOT.

Quel petit?

LA NOURRICE.

Pardine ! le vôtre.

LORIOT.

Le vôtre, à moi?

LA NOURRICE.

Oui.

LORIOT.

Voyons, femme de campagne, ne nous ahurissons pas... débrouillons avec soin nos petites affaires... Qu'est-ce que vous voulez?

LA NOURRICE.

Ce que j'voulons?.. j'voulons trente francs par mois, sans compter le sucre et le savon.

LORIOT, *cherchant à comprendre.*

Ah! dans les trente francs, vous ne comptez pas le sucre et le savon?

LA NOURRICE.

Ça vous va-t-y?

LORIOT.

Le sucre m'irait... j'aime beaucoup le... mais le savon... je n'en use jamais... je trouve ça malpropre.

LA NOURRICE.

Et les trente francs?

LORIOT.

Tenez, ma brave femme, je ne veux pas vous dire des choses décourageantes... mais vous vous expliquez comme une oie.

SCÈNE XII.

LES MÊMES, ROCAILLON.

ROCAILLON, *sortant de la maison et criant aux oreilles de Loriot :*
Ce n'était pas elle!... (*Il s'éloigne.*)

LORIOT.

Ah! le revoilà, lui!...

LA NOURRICE, *à Loriot, criant.*
Vous ne voulez pas me donner votre enfant?

ROCAILLON, *s'arrétant,*

Hein?... son enfant?

* Rocaillon, Loriot, la nourrice.

LORIOT.

Mon enfant ?

ROCAILLON, *s'avança*

Vous avez un enfant !... vous !...

LA NOURRICE, *à Rocaillon, montrant Loriot.*

Est-ce que ce n'est pas monsieur qui est le père?

ROCAILLON.

Le père !...

LORIOT.

Le père de quoi ?

LA NOURRICE.

Du petit.

ROCAILLON , *furieux.*

Ah ! il y a un petit !

LORIOT, *de même.*

Ah ! il y a... Eh bien, qu'est-ce que ça me fait?...

LA NOURRICE.

Voyons, c'est-y vous qui m'avez envoyé chercher, oui ou non?

LORIOT.

Non.

LA NOURRICE.

Alors, quoi que c'était que ce jeune homme qui m'a *reteint?*

ROCAILLON.

Un jeune homme ?

LORIOT.

Qui vous a *reteint?*... moi, je ne vous *reteint* pas... ce n'est donc pas moi.

ROCAILLON.

Un jeune homme vous a retenue? *

LA NOURRICE.

Oui.

ROCAILLON.

Pour un enfant nouveau-né?

LA NOURRICE.

Pour le nouveau-né de monsieur.

LORIOT.

J'ai un nouveau-né, à présent !... (*Buridan et Aphanasie paraissent au balcon de la maison à gauche.*)

ROCAILLON, *tirant de l'argent de sa poche.*

Tenez nourrice, prenez et laissez-nous.

LA NOURRICE.

Cinq francs !... (*Saluant.*) Vot'servante, monsieur. (*Elle sort, Rocaillon l'accompagne, jusqu'au fond.*)

* Loriot, Rocaillon, la nourrice.

SCÈNE XIII.

ROCAILLON, LORIOT, *en scène*, APHANASIE *et* BURIDAN, *au balcon.*

BURIDAN, *au balcon.*

Ciel! la nourrice qui s'en va!

APHANASIE, *de même.*

Et ce pauvre enfant qui a soif!

BURIDAN.

Il faut la rappeler.

APHANASIE, *regardant dans la rue.*

Non!.. il est encore là!... mais j'ai un moyen... je vais sortir avec l'enfant et courir après la nourrice.

(*Ils disparaissent. — Pendant ce petit dialogue, Loriot est venu s'appuyer contre la maison, et Rocaillon, qui a reconduit la nourrice, redescend d'un air sombre.*)

ROCAILLON, *croisant ses bras.* *

Ah! monsieur, vous êtes père!

LORIOT, *impatienté.*

Ah! mais, il se prodigue trop, à la fin!...

ROCAILLON, *tirant la lame de sa canne.*

Êtes-vous...

LORIOT, *criant.*

Quinze francs!

ROCAILLON, *criant plus fort.*

Êtes-vous père?...

LORIOT, *se calmant.*

Eh bien, voyons, ça peut-il vous faire plaisir?... je le veux bien, mettons que je sois père... mais n'y revenons plus.

ROCAILLON, *à lui-même.*

Alors, ce serait donc lui!... (*A Loriot, après un silence.*) Vous êtes adroit, monsieur.

LORIOT.

Pas beaucoup... je casse quelquefois... (*A part.*) Je te casserais même volontiers, si je pouvais!

ROCAILLON.

Je suis certain de vous avoir vu quelque part.

LORIOT.

Croyez-vous?

ROCAILLON.

Ne vous nommeriez-vous pas Buridan?

* Loriot, Rocaillon.

LORIOT.

Buridan?... je le veux bien encore... mais n'y revenons plus.

ROCAILLON, *furieux*.

Mais, c'est qu'alors, si tu te nommes Buridan, je vais te tuer !

LORIOT.

Bigre!... je retire mon mot... Je suis Loriot, pas Buridan!... jamais Buridan !

ROCAILLON, *à part, avec rage*.

n Et cette femme qui n'était pas elle!.. ce portier qui ne peut me donner aucun renseignement!... Est-ce à présent qu'on me trompe, ou m'a-t-on trompé en m'indiquant cette adresse?... (*Montrant Loriot.*) Cet homme est-il un traître ou un imbécile?... Est-ce le séducteur ou son complice?... ou bien n'est-ce rien?... car il peut n'être rien... il n'a l'air de rien...

LORIOT, *à lui-même*.

O Aphanasie, Aphanasie!... Je ne sais pas quelle coiffure vous essayez là-haut à votre pratique... mais vous êtes bien longue à l'essayer, ma chère amie !

SCÈNE XIV.

LES MEMES, APHANASIE.

APHANASIE, *remettant le carton à Loriot*.

Vite ! prenez et suivez-moi. *

LORIOT, *recevant le carton*.

Oh!.. il est encore plus lourd !

ROCAILLON, *à part*.

Cette dame!... celle qui... (*Haut.*) Deux mots, je vous prie...

APHANASIE·

Pardon, monsieur, je suis attendue!...

ROCAILLON, *la retenant*.

Vous étiez moins pressée tout à l'heure, quand j'ai troublé votre tête-à-tête avec ce jeune homme...

LORIOT, *à part*.

Un jeune homme !... (*Passant le carton d'un bras à l'autre.*) Saperlotte ! que c'est donc lourd !

APHANASIE.

Nous vous avons répondu, monsieur , que nous ne connaissions pas la personne que vous cherchez... que voulez-vous encore ? (*Elle fait signe à Loriot de la suivre.*)

LORIOT, *à l'écart*.

Tiens ! tiens !... on dirait que l'on jabote dans mon carton !

ROCAILLON, *la retenant*.

Vous êtes modiste ?

* Loriot, Aphanasie, Rocaillon.

APHANASIE, *voulant s'éloigner.*

Oui, monsieur.

ROCAILLON, *de même.*

Quel est votre magasin?

APHANASIE, *de même.*

Ça ne vous regarde pas.

LORIOT, *à part.*

Mais, sapristi ! qui est-ce donc qui jabote comme ça dans mon carton? (*Il se met à dénouer le carton, pendant qu'on ne le regarde pas.*)

ROCAILLON.

N'en parlons plus, je vous suivrai.

APHANASIE.

Je vous le défends !

ROCAILLON, *s'animant.*

La rue est à moi comme à vous ! *

LORIOT, *ouvrant le carton, dans lequel se trouve un enfant, et jetant un cri.*

Oh !...

SCÈNE XV.

LES MEMES, BURIDAN.

BURIDAN, *qui vient d'entrer, voyant le carton ouvert.*

Ciel !

ROCAILLON.

Le jeune homme ! (*Il se hâte de renouer le carton, puis pendant ce qui suit, en pique le couvercle avec une épingle.*)

BURIDAN, *se plaçant entre Loriot et Rocaillon.*

Qu'est-ce donc ?

APHANASIE.

C'est ce monsieur qui veut me suivre.

BURIDAN.

Et pourquoi cela, monsieur ?

ROCAILLON.

Parce que cela me plaît, monsieur.

BURIDAN.

Et si cela me déplaît, monsieur ?

ROCAILLON

J'en suis fâché, monsieur.

BURIDAN.

Monsieur !...

ROCAILLON.

Monsieur..

* Loriot, Buridan, Rocaillon, Aphanasie.

LORIOT, intervenant.

Messieurs !...

APHANASIE, les séparant.

Une dispute!... * quelle folie !... Au fait, pourquoi monsieur ne me suivrait-il pas ?... je n'avais qu'un trottin, ça m'en fera deux. Quant à vous, mon ami... (*Elle parle bas à Buridan.*)

BURIDAN , vivement.

Très-bien !

ROCAILLON, se rapprochant.

Vous dites ?

APHANASIE.

Allons, monsieur, allons... Mais je vous préviens que je vous mènerai loin.

ROCAILLON.

Comme il vous plaira, mademoiselle. (*A Buridan.*) Et vous... quand vous voudrez, monsieur!**

BURIDAN.

C'est bien, monsieur !

ROCAILLON.

Au revoir, monsieur !

BURIDAN.

A bientôt, monsieur !

APHANASIE, à Rocaillon et à Loriot.

Suivez-moi, messieurs.

(*Musique. — Buridan sort à gauche, et Aphanasie à droite, suivie de près par Rocaillon, que suit Loriot, portant le carton. — Au moment où Loriot va disparaître, Buridan rentre, court à lui, lui enfonce d'un coup de poing son chapeau sur les yeux, et emporte le carton en courant.*)

LORIOT, le chapeau enfoncé sur les yeux.

Oh !... oh !... mon carton !... A la garde !... au voleur !... (*Il va se jeter sur la boutique du changeur, dont il casse les vitres. Le changeur s'élance sur lui, le saisit et le frappe.*)

* Loriot, Buridan, Aphanasie, Rocaillon.

** Loriot, Buridan, Rocaillon, Aphanasie.   (*Le rideau baisse.*)

FIN DU PREMIER ACTE.

(*Entr'acte en musique.*)

ACTE II.

Un magasin de modes très élégant. — Rideaux et meubles de soie, tapis, comptoirs en palissandre, etc. — Porte au fond, portes latérales. — Un comptoir à droite, un autre à gauche.

SCÈNE I.

GELINOTTE, CASCARINETTE, COLOMBE, TROIS AUTRES MODISTES, *ensuite* MADAME BATAVIA.

(Gelinotte et Colombe jouent ensemble au volant. — Cascarinette déclame, drapée dans un rideau et tenant un eustache à la main ; deux jeunes filles valsent ensemble au fond, et la quatrième, au comptoir de gauche, dort sur un roman ouvert.)

CHŒUR.

AIR : *De Thibaut.*

Allons, vite,
Qu'on s'agite !
A l'ennui, pour échapper,
Un adage,
Toujours sage,
Dit que l'on doit s'occuper.

GELINOTTE.
Liberté des plus complètes !

COLOMBE.
Laissons-là quelques instants...

GELINOTTE.
Les rubans pour les raquettes...

COLOMBE.
Et les fleurs pour les volants.

REPRISE.

Vite, vite,
Qu'on s'agite, etc.

GELINOTTE, *à qui Colombe a envoyé le volant avec trop de force.*
Eh quoi ! par-dessus ma tête !...
Dieu ! quel jeu désordonné !
C'est à casser sa raquette !...

MADAME BATAVIA, *qui entrait et qui a reçu le coup.*
Oh !...
Vous m'avez cassé le né !

GELINOTTE. (*Parlé.*)
Ah ! cette pauvre madame Batavia, mon ancienne bourgeoise !...
Peut-on vous offrir quelque chose ?

MADAME BATAVIA.
Pour mon nez, oui.

GELINOTTE.
Un peu de vulnéraire ?

MADAME BATAVIA.
Si ça vous est égal, je préfère une prise de tabac.

GELINOTTE.
Ah ! je n'ai que des cigares !

REPRISE.

Vite, vite, etc.

COLOMBE, *déclamant.*

... A mon tour, assassin,
A mon tour de plonger ce poignard dans ton sein !...
Tiens !... (*Elle plante l'eustache dans une tête à poupée.*)

TOUTES.
Ha ! ha ! ha ! ha !

MADAME BATAVIA.
Miséricorde !... les unes qui valsent, celles-ci qui jouent au volant,
une autre qui joue des comédies.... Qui est-ce qui fait donc des
chapeaux ici ?... (*Apercevant la modiste endormie.*) Ah !... en voilà
au moins une qui reste courbée sur son travail. *

CASCARINETTE.
Je crois bien.... elle dort.

MADAME BATAVIA.
Endormie !... c'est pardieu vrai... et endormie sur un roman de
M. Paul de Kock... (*Lisant.*) « Le Coc... oh !

GELINOTTE.
Oui, *le Coco,* avec un *u.*

MADAME BATAVIA
Bonté du ciel !... ce n'est pas dans la rue aux Fers qu'on se permet-
trait des littératures aussi décolletées !

AIR : *Amis, voici la riante semaine.*

Ce titre-là, vraiment, c'est un scandale !

* Gelinotte, madame Batavia, Cascarinette, Colombe.

** Madame Batavia, Gelinotte, Cascarinette, les autres, deuxième plan.

C'est des objets qu'il n'faudrait pas nommer.
GELINOTTE.
Ah ! je le vois, vous aimez la morale...
MADAME BATAVIA.
Moi ?... pas beaucoup... je m'borne à l'estimer.
Oui, je conviens, ma chère, en fait d'lecture,
Que les co...cos sont toujours amusants...
Mais il n'faut pas mettr' sur la couverture
Ce qu'on devrait réserver pour l'dedans.

GELINOTTE.
Et que dites-vous de notre magasin, hein, l'ancienne ?
MADAME BATAVIA.
Ah ! c'est bien... ah ! c'est cossu...tout velours et tout palissandre...
Et messieurs vos trottins ?... je ne les vois pas.
CASCARINETTE.
Le grand est en ville, depuis ce matin, avec la première demoi-
selle...
GELINOTTE.
Et le petit vernit nos brodequins... (*Appelant.*) Hé ! Falempin !
MADAME BATAVIA.
Ah ! vous vous vernissez?... Mazette!... moi, je me cire. (*Le petit
trottin paraît, en veste de panne, et vernissant un brodequin.*) *
GELINOTTE.
Voilà l'objet.
MADAME BATAVIA.
Qu'il est gentil !... J'ai une grosse bonne, que j'habillerai comme
ça... Mais je ne suis pas venue seulement pour contempler votre inté-
rieur...Il a été question de homard... Quand va-t-on homarder?
GELINOTTE.
Ah! plus tard... quand mademoiselle Aphanasie, la première de-
moiselle, sera de retour...
CASCARINETTE.
Surtout, gardez-vous bien de parler de souper devant M. Loriot!...
MADAME BATAVIA.
Quel Loriot ?...
GELINOTTE.
Notre grand trottin, que nous supposons dans les intérêts de la
bourgeoise... Mais je crois entendre... eh ! oui, c'est elle...

* Madame Batavia, le trottin, Gelinotte, Cascarinette.

SCÈNE II.

LES MÊMES, APHANASIE.

APHANASIE, *entrant précipitamment.*

Victoire! victoire! victoire! *

TOUTES.

Qu'est-ce qu'il y a donc?...

APHANASIE, *sans les écouter.*

Ah! tu veux me suivre... ah! tu veux savoir où je demeure!...

TOUTES.

Qui?

APHANASIE.

Eh bien! cherche! cherche, mon brave homme... la ville est grande!

TOUTES.

Mais qui donc?

APHANASIE.

Un gris pommelé, qui voulait connaître mon magasin... Ah! je lui en ai fait faire une drôle de promenade!...

AIR *chinois de la Poudre-Coton.*

Pour guide il s'était offert;
Pauvre diable! a-t-il souffert!
J'l'ai mené d'un train d'enfer,
Un vrai train de chemin d'fer!
Je l'avais mis sur le flanc,
Il me suivait en soufflant,
    En m'app'lant :
    Moi, mon plan
    Etait de le laisser en
      Plan.

Du Palais-Royal à la grille
De la Madeleine, et soudain
D'la Mad'leine au quartier latin,
D'l'Écol' de Droit à la Bastille,
D'l'a Bastille au quartier d'Antin,
Enfin, pour terminer la course,
Du quartier d'Antin à la Bourse,
Et de la Bourse au magasin...

(*Parlé.*)

J'étais prise!... c'était à recommencer!... heureusement, un em-

* Madame Batavia, Aphanasie, Cascarinette, Colombe. *Les autres, à droite et à gauche.*

barras de voitures nous arrête rue Vivienne... Mon homme est coupé
par une favorite... une hirondelle lui arrive de l'autre côté... Je file...
et lui, disparu, évanoui, évaporé entre les deux omnibus, que je
couvre de bénédictions, y compris messieurs leurs cochers.

REPRISE.

Pourquoi s'était-il offert?
Pauvre diable ! a-t-il souffert !
J'l'ai mené d'un train d'enfer,
Un vrai train de chemin d'fer !
Je l'avais mis sur le flanc,
Il me suivait en soufflant,
En m'app'lant :
Moi, mon plan
Etait de l'laisser en plan...
V'lan !

CASCARINETTE.

Etait-il jeune?.:.

GELINOTTE.

Etait-il bel homme ?

APHANASIE.

Un monstre... hors d'âge !

MADAME BATAVIA, *à part.*

Ah fi! les vieux !

GELINOTTE.

Et Loriot?...

APHANASIE.

Mon trottin?... Je l'ai perdu... heureusement pour lui!... Il serait
mort en route... et j'aurais été obligée de le rapporter dans mon carton. (*Toutes rient ; quelques-unes se remettent à leurs comptoirs et
travaillent.*

MADAME BATAVIA.

C'est ça qui vous aurait gênée ! *

APHANASIE.

Ah pardon !... je n'avais pas aperçu... Madame demande ?...

MADAME BATAVIA, *saluant.*

C'est Gelinotte, qui m'a invitée à venir manger une aile de homard.

GELINOTTE, *la présentant.*

La maison Batavia, de la rue aux Fers.

APHANASIE, *à part.*

Ça, une maison?... Qué baraque! (*Elle va s'asseoir à droite, et
travaille.*)

* Madame Batavia, Gelinotte, Aphanasie.

MADAME BATAVIA.

Ah ! que vous avez bien fait de ne pas écouter les propos de ce vieux drôle !... * et qu'il en coûte aux jeunesses trop confiantes !...

GELINOTTE.

Est-ce que vous auriez été trop confiante, dans votre temps, madame Batavia ?

MADAME BATAVIA.

Je ne rougis pas de le proclamer... La confiance est la vertu des belles âmes... et lorsque après avoir placé la sienne dans un loyal militaire, on se voit trahie, abandonnée, on peut dire hautement : Cet homme était une canaille !

APHANASIE, *se levant et s'approchant.*

Tiens ! tiens ! tiens !... J'aime assez ce genre d'anecdotes... Contez-nous donc, madame, l'abus de confiance dont vous me paraissez avoir été victime. (*Les autres se lèvent aussi, se placent à droite et à gauche.*)

MADAME BATAVIA, *avec un soupir.*

Hélas !... (*Changeant de ton.*) Avec plaisir... C'était sous l'ancienne dynastie, un jour de réjouissances publiques, à une distribution de saucissons et de vin bleu...

APHANASIE.

Institution généralement regrettée.

MADAME BATAVIA.

Je m'étais mêlée à la foule, et je regardais de jeunes athlètes qui, grâce à la vigueur de leurs muscles, grimpaient au mât de cocagne.

GELINOTTE.

Pour cueillir des timbales... connu.

MADAM BATAVIA.

Un gendarme à cheval était près de moi... quand la foule, refluant tout à coup avec impétuosité, je me sentis pressée de toutes parts... Un cri s'échappa de ma poitrine comprimée, et, au moment de m'évanouir, je sentis une main vigoureuse qui m'enlevait...

APHANASIE.

C'était un des jeunes athlètes qui vous transportait dans la région des timbales ?... Ha ! ha ! ha !.. j'aurais voulu y être.

MADAME BATAVIA.

Vous n'y êtes pas... En rouvrant les yeux, j'étais derrière le superbe gendarme... en croupe... et fort bien placée pour tout voir.

CASCARINETTE.

C'est lui qui vous avait soulevée ?...

GELINOTTE.

C'est palpitant d'intérêt !

MADAME BATAVIA.

Cet homme m'avait sauvé la vie... Il me proposa de me faire voir

* Gelinotte, madame Batavia, Aphanasie.

le feu d'artifice... et de terminer la fête par un souper fin... du veau
froid... Tant de bienfaits et l'éclat de ses buffleteries m'entraînèrent
sur la pente rapide des séductions... et à la fête suivante, le monstre
avait changé de garnison, en emportant sur son cheval... (*baissant
les yeux*) le gage de ma faiblesse !

GELINOTTE.

Ah ! le gueusard !

APHANASIE.

Il enlevait votre enfant ?...

MADAME BATAVIA.

Une petite fille charmante, que j'ai cherchée pendant dix-neuf
ans !... et que je pleurerai... pendant une cinquantaine d'années, si
je peux !

GELINOTTE.

Un enfant ?

CASCARINETTE.

Une petite fille !

APHANASIE.

Oh ! moi, je l'aurais tué, votre guerrier !... je l'aurais tué avec son
propre sabre !

MADAME BATAVIA, *naïvement.*

Je n'ai pas eu le temps... je le regrette.

AIR : *Vauderille de la Famille de l'apothicaire.*

> Dans ce récit, que de leçons !
> N'allez jamais, sans un' compagne,
> Voir ramasser des saucissons
> Et grimper au mât de cocagne !
> Depuis, je pleur' soir et matin !...

APHANASIE, *aux autres.*

> Profitez d'son expérience :
> Voyez... que de jours de chagrin
> Pour un jour de réjouissance !

SCÈNE III.

LES MÊMES, LORIOT.

LORIOT, *accourant, pâle, défait, et d'une voix étouffée.*

Au voleur !.. à la garde !... au guet !...

TOUTES.

Ah ! mon Dieu !...

LORIOT, *sautant au cou de madame Batavia.* *

Rends-moi mon carton, brigand !... Rends-moi mon...

* Madame Batavia, Loriot. *Les autres, deuxième plan.*

MADAME BATAVIA, *se défendant et lui donnant des coups de poing.*
Saperlotte !... lâchez-moi !...

LORIOT.
Vous n'êtes pas mon voleur ?... Alors, qu'est-ce que vous voulez?... Qu'est-ce que vous demandez?... Qu'est–ce qu'elle a après moi, cette vieille femme ?

APHANASIE.
Il est fou !...

LORIOT, *tombant sur le fauteuil, à droite.*
Ah! tant d'émotions m'ont brisé!...* Un flacon de sels !... un verre de rhum !... un morceau de quelque chose!...

APHANASIE.
Mon carton ?...

LORIOT·
Volé !... filouté !... escroqué !... (*Toutes reviennent en scène.*)

GELINOTTE.
Et vous n'avez pas couru après le voleur ?

LORIOT.
Je n'y voyais plus !... on me l'avait enfoncé sur les yeux... jusqu'au menton !...

CASCARINETTE.
Votre voleur ?...

APHANASIE.
Votre carton ?...

LORIOT, *se levant.*
Mon chapeau !... ** Je pousse des hurlements... je m'élance sans voir où je vais... je donne en plein dans une boutique... et cette boutique !... Oh! quand la fatalité s'accroche à un homme!... cette boutique se trouve être celle d'un changeur!... Je brise les carreaux, mes mains se plongent dans deux sébiles, et je continue à crier : Au voleur ! en farfouillant dans l'or de l'établissement... On accourt à mes cris ; comme volé, on m'arrête comme voleur, et on me conduit comme homme chez le commissaire... Le commissaire m'envoie à la préfecture... la préfecture me renvoie au commissaire... le commissaire allait me renvoyer à la... « Ah mais! va-t-on jouer à la balle avec ma personne ! criai-je... je suis volé, on me traite de voleur, et on veut à c't'heure se servir de moi comme volant !... » — Ce mot heureux fait rire le magistrat... Je lui explique mon accident, et il me renvoie des fins de la plainte... Je sors, je me précipite sur tous les cartons que je rencontre... cartons ronds, cartons carrés, cartons à champignons... j'en écrase deux, j'en crève trois, j'en aplatis quatre... et me voilà !... Je persiste à souhaiter un verre de rhum.

* Madame Batavia, Aphanasie, Gelinotte, Loriot.

** Madame Batavia, Aphanasie, Loriot, Gelinotte.

TOUTES, *riant.*

Ha! ha! ha!

APHANASIE, *riant aussi.*

Voilà un grand malheur!... un méchant carton. (*Elle s'assied à gauche. Les autres remontent.*)

LORIOT, *bas, et d'une voix sombre.*

Et ce qu'il y avait dedans!...

APHANASIE.

Un chapeau... des bêtises...

LORIOT.

Des bêtises, madame!... (*à part*) car je ne peux plus, sans dérision, l'appeler mademoiselle!... O tissu d'infamies chapitre oublié des *Mystères de Paris!*

GELINOTTE, *bas, à Aphanasie, qui se lève.*

Il faut nous en débarrasser.

MADAME BATAVIA, *vivement.*

Oh! une idée!... (*Bas, et mystérieusement.*) Il faut nous en débarrasser.

APHANASIE, *bas, allant à droite.*

Laissez-moi faire... ça me connaît... (*Haut.*) Le chapeau de la comtesse de Noirtiers est-il terminé?

CASCARINETE.

Tout à fait... le voici.

APHANASIE, *s'asseyant dans le fauteuil, à droite.*

Voyons?... * Ici, Loriot!... à mes genoux!

LORIOT, *à part.*

Ah! cette place a perdu tous ses charmes!

APHANASIE.

Voyons l'effet... (*Elle met le chapeau sur la tête de Loriot, agenouillé.*) Tenez-vous bien... levez la tête... souriez...

LORIOT, *à part.*

La mort dans l'âme, le sourire sur les lèvres!... (*Il sourit.*)

APHANASIE.

Pas mal...

TOUTES.

Pas mal, pas mal!

LORIOT, *à part, un peu consolé.*

Elle me trouve pas mal!... (*Voyant sur son tablier une bobine de soie.*) Ah!... encore ce dernier larcin!... (*Il la serre sous son gilet.*)

APHANASIE.

Seulement, ce ruban tombe trop... attendez (*Elle enfonce une épingle.*)

* Madame Batavia, Gelinotte, Loriot, Aphanasie.

LORIOT, *poussant un grand cri.*

Ah!

TOUTES.

Quoi donc?

LORIOT.

Crédienne!... ce n'est pas une tête de carton, ceci!

APHANASIE.

Monsieur se pique?

LORIOT.

Je me pique quand on me pique... crédienne! (*Il s'assied.*)

APHANASIE, *se levant et mettant le chapeau dans un carton.*

Maintenant... ce chapeau chez la comtesse... ça vous promènera.

LORIOT, *bondissant.*

Qu'est-ce que vous avez dit!...

APHANASIE.

N'êtes-vous pas trottin?...

LORIOT.

Mais un trottin n'est pas un chemin de fer!... la ligne trottin n'a pas encore été votée, et vous chauffez mes jambes à toute vapeur!... Je proteste hautement.

APHANASIE.

Partez, je le veux... je... le... veux.

LORIOT, *à part, dominé par elle.*

Oh! je l'aime encore, cette créature!... je l'aimerai toujours!... (*Il fait un geste de profonde douleur, puis :*) J'aurais bu volontiers un verre de rhum.

TOUTES, *riant, et le poussant dehors.*

AIR : *De Gentil-Bernard.*

Décampez
Et galopez!
Vite, partez
Et trottez!
Un trottin,
Soir et matin,
Doit s'dégourdir
Pour grandir!

(*Loriot sort.*)

SCÈNE IV.

LES MÊMES, *moins* LORIOT. *

TOUTES, *gaiement.*

Il est parti !

GELINOTTE.

. Vive la liberté !...

APHANASIE.

Vive la ligne !

GELINOTTE.

Je préfère la cavalerie.

CASCARINETTE.

Ah ! Gelinotte !..

GELINOTTE.

Tiens ! fais donc ta sucrée, toi... comme si on ne connaissait pas ton *trombol !*...

CASCARINETTE.

Ah ! quelle infamie !

GELINOTTE, *chantant.*
Toi, qui connais les housards de la garde...
APHANASIE, *achevant l'air.*
N'connais-tu pas l'trombone du régiment ?...

MADAME BATAVIA, *continuant l'air à pleine voix.*
Tra, la, la, la...

APHANASIE

Voyons, mesdemoiselles, ça n'est pas tout ça... nous voilà maîtresses, et rien n'arrive de chez Chevet !

MADAME BATAVIA, *inquiète.*
Le homard nous manquerait-il de parole ?...

GELINOTTE.
Tenez, je me dévoue, et je vais chercher la bête.

CASCARINETTE.
Eh bien ! c'est ça... Pendant ce temps-là, nous allons dresser le couvert dans la chambre d'Aphanasie... c'est la plus grande.

APHANASIE.
Voici ma clé.

CASCARINETTE.
Est-ce que tu ne viens pas avec nous ?

* Aphanasie, Gelinotte, madame Batavia, Colombe. *Les autres, à droite et à gauche.*

3

APHANASIE.

Tout à l'heure... le temps de ranger ici...

GELINOTTE.

Moi, je file...

MADAME BATAVIA.

Et je t'accompagne.:. Ce homard m'inquiète.

APHANASIE, *à Gelinotte.*

Et surtout, si tu rencontrais M. Loriot, ne te laisse pas surprendre!..
cache le homard n'importe où... il est très cancanier, M. Loriot.

AIR *des premières armes du diable.*

Ne crains rien, avec soin j'évite
        Ce cauch'mar :
S'il venait, je cacherais vite
        Le homard.

APHANASIE.

Ne recevons pas, où nous sommes,
        D'Adonis ;
De notre festin que les hommes
        Soient bannis !

TOUTES.

Oui, bannissons-les, qn'on les chasse !

MADAME BATAVIA.

    Pourtant, moi,
Je demande qu'on les remplace !...
    Mais, par quoi ?

TOUTES.

Remplaçons-les par
Un superbe homard ;
Le homard m'enchante,
Le homard me tente !
Remplaçons sans r'tard
L'homme par l'homard.

*(Gelinotte sort par le fond, suivie de madame Batavia ; les autres sortent
par la gauche ; Aphanasie seule reste en scène.)*

SCÈNE V.

APHANASIE, *seule, rangeant divers objets sur le comptoir de
droite.*

Ah ! ce pauvre Rocaillon ! l'ai-je fait trimer, le malheureux !... Je
peux dire que je m'entends à faire marcher un homme... Grâce à
moi, voilà Aglaé à l'abri des fureurs paternelles, et Buridan en pos-
session de son fils... ou sa fille... (*Rangeant toujours.*) Mais qu'ai-je
ponc fait de ma bobine?... C'est singulier, tout se perd ici !...

AIR : *Adieu, je vous fuis, bois charmant.*

A chaque instant, soir ou matin,
Qu'on travaille ou qu'on se repose,
On entend, dans ce magasin,
Dire : J'ai perdu quelque chose !...
C'est un sorcier qui doit ainsi
Nous dépouiller.... ce qui le prouve,
C'est que tout ce qu'on perd ici
Presque jamais ne se retrouve.
C'est vrai, tout ce qu'on perd ici,
Presque jamais ne se retrouve.

SCÈNE VI.

APHANASIE, BURIDAN. *

(Aphanasie va sortir, lorsque Buridan, enveloppé dans un large manteau, se précipite en scène, et ferme sur lui la porte du fond.)

BURIDAN.

Je lui échappe !...

APHANASIE.

Ah !...

BURIDAN.

Aphanasie !...

APHANASIE.

Buridan.··

BURIDAN.

Sauve-moi !... sauve-nous !... *(entr'ouvrant son manteau)* sauve cet innocent !

APHANASIE.

Votre fils ?

BURIDAN.

Est-ce un fils ?... je n'en sais rien. ça m'est égal... Moi-même, je ne sais plus ce que je suis, je ne sais plus ce que tu es ! ..

APHANASIE.

O ciel !... est-ce qu'un nouveau malheur ?..

BURIDAN.

Ecoute et frémis !... J'avais enlevé ton carton à ton trottin, et je m'acheminais vers le bureau des nourrices , espérant y retrouver celle que j'avais choisie... ou une autre, n'importe... Je m'adresse au négociant qui tient cet article... Pas une nourrice vacante !...

* Buridan, Aphanasie.

Toutes occupées! toutes en fonctions!... C'est étonnant comme la population s'est développée cette année!... quelle statistique!

APHANASIE.

Bref?... allez donc!...

BURIDAN.

Je remis l'enfant dans son carton, et, ne pouvant pas le mener chez le traiteur, je n'eus d'autres ressources que de le rendre aux soins maternels d'Aglaé... Mais sans doute le farouche Rocaillon, que je croyais avec toi, m'avait suivi!... car, à peine venais-je d'entrer, à peine cet innocent venait-il de prendre sa première nourriture... qu'une porte se brise... qu'un homme paraît... qu'Aglaé jette un cri... cet homme en jette un autre et se jette sur moi... j'en jette un troisième et je le jette à travers les escaliers... il n'y a qu'un étage, mais il l'a descendu sur l'occiput.

APHANASIE.

Grand Dieu !

BURIDAN.

Une tête de Rocaillon, c'est dur, c'est solide, ça se fêle et ne se casse jamais... Alors, je m'enveloppe de ce manteau, je ressaisis cet enfant, et je reviens te dire à genoux : Aphanasie! sauve-le, sauve-moi, sauve-nous!... (*En prononçant ces mots, il s'est jeté à genoux.* —*Loriot paraît au fond, pousse un cri et laisse tomber le carton qu'il tenait, et duquel s'échappe un chapeau.*)

SCÈNE VII.

LES MÊMES, LORIOT. *

LORIOT.

Ah !

APHANASIE *et* BURIDAN.

Ciel !

LORIOT.

Oh !... oh !

APHANASIE, *reconnaissant Loriot.*

Ah!... cet imbécile m'a fait une frayeur !

BURIDAN , *baissant son chapeau sur ses yeux, et s'entourant de son manteau.*

Et à moi donc !

LORIOT.

Voilà donc ce qui se passe au magasin, quand les chapeaux sont dans les cartons !... (*Il ramasse le carton, y replace le chapeau, et le pose sur une chaise, près du comptoir de gauche.*)

  * Loriot, Aphanasie, Buridan.

BURIDAN, *bas à Aphanasie.*

Comment nous en tirer?...

APHANASIE, *bas.*

Laissez-moi faire. (*A Loriot.*) Vous êtes allé chez la comtesse ?

LORIOT, *avec affectation.*

Oui, *madame*... et je rapporte le chapeau... *madame !*

APHANASIE.

Vous le rapportez ?... Pourquoi?

LORIOT.

C'est le mari de la comtesse qui ne veut pas d'un fond jaune..? cette couleur lui est pénible.

APHANASIE, *prenant le chapeau.*

C'est juste... il a raison... il faudrait... (*Bas à Buridan.*) Dans le carton !... * (*Prenant Loriot et l'amenant à l'avant-scène.*) Voyez-vous... je changerai toute la garniture, et je mettrai un fond pensée... Demain la comtesse aura son chapeau. (*Pendant ce petit mouvement, Buridan a mis l'enfant dans le carton, puis Aphanasie, qui s'est rapprochée de Buridan, lui dit bas :*) Occupez-le maintenant. **

LORIOT, *regardant Buridan, à part.*

Quel est donc cet homme, dont je ne vois que le bout du nez ?

BURIDAN, *relevant son chapeau et laissant s'écarter son manteau.*

Pardon, mon ami... je...

LORIOT, *criant.*

Ah! je vous reconnais, vous!... C'est vous qui m'avez fait part d'un renfoncement... vous qui m'avez arraché mon carton!... A la garde !

BURIDAN.

Taisez-vous !

LORIOT.

Au vol...

BURIDAN, *lui présentant deux écus.*

Voilà dix francs.

LORIOT.

Vous dites?...

BURIDAN.

Votre carton valait-il davantage ?...

LORIOT, *d'une voix sombre.*

Mais ce qu'il y avait dans le carton monsieur !... Est-ce qu'on en trouve pour dix francs ?

BURIDAN.

Ce qu'il y avait dans le carton m'appartenait...

* Buridan, Loriot, Aphanasie.

** Aphanasie, Buridan, Loriot.

LORIOT.

A vous ?

BURIDAN.

Demandez à mademoiselle.

APHANASIE, *qui, pendant ce dialogue, à fait disparaître le chapeau derrière le comptoir et jeté un voile sur le carton.*

Eh ! sans doute... *

LORIOT, *se laissant aller sur un siége.*

Ça leur appartenait en commun !... par indivis !... abomination !

APHANASIE, *à Loriot, avec intention.*

. J'ai remis le chapeau dans le carton... j'y travaillerai demain matin.

LORIOT.

Oui, madame... (*A part.*) Et quand je pense à tout ce que j'ai sur le cœur !...

APHANASIE, *bas, à Buridan.*

Partez, partez bien vite...

BURIDAN.

Adieu ! (*Il s'échappe.*)

LORIOT, *assis à droite sur le fauteuil, tirant de son gilet ses gages d'amour.* **

Les voilà, ces gages chipés d'un amour incompris !

APHANASIE, *au fond, prenant le carton.*

Et moi, emportons vite...

CASCARINETTE, *en dehors.*

Aphanasie !... Aphanasie !...

APHANASIE, *à part, en s'éloignant vivement du carton.*

Ciel !.. ces demoiselles, qui ne savent pas... (*Voyant Cascarinette.*) Oh !

CASCARINETTE, *entrant par la gauche, et l'emmenant.*

Mais viens donc !... le cidre est en train...

APHANASIE, *troublée.*

Oui, oui...

ROCAILLON, *paraissant au fond.*

C'était lui !...

APHANASIE, *à Loriot.*

N'y touchez pas !...

ROCAILLON, *au fond.*

Je l'ai reconnu !

COLOMBE, *entrant.*

Mais viens donc !

APHANASIE, *à part, en sortant.*

Courons les prévenir ! (*Colombe et Cascarinette l'entraînent à gauche.*)

* Buridan, Aphanasie, Loriot.

** Aphanasie, Loriot.

SCÈNE VIII.

LORIOT, *assis, à droite, dans un grand fauteuil dont le dossier le cache entièrement, puis* ROCAILLON, *au fond*

ROCAILLON, *entrant.* *

Il sortait de ce magasin!... c'est ici, sans doute, qu'il a caché... Cherchons!...(*Il va fureter sous les comptoirs, d'abord à droite, ensuite à gauche.*)

LORIOT, *baisant les divers objets.*

Adieu, petite violette desséchée!... Adieu, gâteau de Nanterre... encore plus desséché!... Adieu, bobine qu'elle toucha... jarretière qui l'as touchée... ad...

ROCAILLON, *qui a aperçu le carton, l'a découvert avec précaution, jetant un grand cri.*

Ah!...

LORIOT, *répondant au cri et remettant tous les gages sous son gilet.*

Ah!.. Quoi?...

ROCAILLON, *l'apercevant.*

Hein?...

LORIOT.

Vous!

ROCAILLON.

Lui!...

LORIOT.

Qu'est-ce qu'il y a?

ROCAILLON, *à part.*

Ah! j'avais donc deviné!... c'était un complice!...

LORIOT, *se levant.*

Bonjour, monsieur... ça va bien?... Qu'est-ce que vous demandez?...

ROCAILLON, *allant à lui.*

Un homme était ici tout à l'heure!...

LORIOT

Un homme?... Oui... même qu'il m'a donné dix francs, le gredin...

ROCAILLON.

Et si je vous donnais dix soufflets, moi, monsieur?

LORIOT.

Autant de soufflets que de francs?

ROCAILLON.

Que diriez-vous?

LORIOT

Je dirais que j'ai touché sa gratification... et que je ne toucherai pas la vôtre.

ROCAILLON, *se calmant.*

Tenez, croyez-moi, ne prenez plus cet air bête... qui est trop exa-

* Rocaillon, Loriot.

géré pour être vrai... ne vous donnez plus la peine de dissimuler...! je sais tout.

LORIOT.

Ah!

ROCAILLON.

N'êtes-vous pas honteux ?...

LORIOT.

Non.

ROCAILLON, *jetant un regard sur le carton.*
Pour de l'argent, faire un métier si vil !...

LORIOT.

Un métier civil ?

ROCAILLON.

Parlez bas... J'ai ouvert ce carton... j'ai vu ce qu'il renferme,..

LORIOT·

Eh , bien

ROCAILLON.

Vous ne rougissez pas ?

LORIOT.

Moi?... (*Regardant de loin le carton.*) Ah?... parce qu'il est manqué ?...

ROCAILLON·

Manqué?...

LORIOT·

Après ça, permettez... on ne s'est plaint que du fond... quand on lui aura mis un autre fond, le mari le prendra.

ROCAILLON.

Un autre fond ?

LORIOT.

Tiens ! j'y pense... c'est peut-être vous qui êtes le mari ?

ROCAILLON.

Non, monsieur, non... je suis le père, et vous le savez bien.

LORIOT.

Non, je ne le savais pas... Mais, puisque vous êtes le père, si le mari vous en parle, dites-lui qu'il sera réparé demain.

ROCAILLON, *à part.*

Ce malheureux délire... On lui aura lésé un des lobes du cerveau... (*Lui saisissant le bras.*) Vous dites que...

LORIOT·

Qu'il sera réparé... Parbleu !... Il y a des jours où mademoiselle Aphanasie en fait trois tout neufs... et quelquefois la moitié d'un avec.

ROCAILLON.

Ah! j'ai vu des fourbes !... ah ! j'ai vu des audacieux !... mais je n'ai vu personne se jouer ainsi de la mort qui le menace !

LORIOT.

Plaît-il?

ROCAILLON, ne se contenant plus.

Ah! tu connaissais l'existence de cet enfant!...

LORIOT.

De ce chapeau.

ROCAILLON.

Plaît-il?

LORIOT.

Non, vous dites : De cet enfant... Moi, je dis : De ce chapeau...

ROCAILLLON.

Quel chapeau?

LORIOT.

Quel enfant?

ROCAILLON.

Quel chapeau?

LORIOT, allant au carton.

Mais, nom d'un petit bonhomme ! celui-ci... celui dont nous parlons depuis une... * (Voyant l'enfant et criant comme Rocaillon :) Ah !

SCÈNE IX.

LES MÊMES, APHANASIE.

APHANASIE, qui paraît sur le seuil de la porte à gauche, apercevant Rocaillon. **

Grand Dieu!

ROCAILLON, à Loriot, sans voir Aphanasie.

Eh bien !... est-ce un chapeau, cela?... est-ce un chapeau?... (Le prenant au collet et le faisant redescendre.) Réponds, double traître !...

LORIOT.

Lâchez-moi!... je conviens que ce n'est pas un chapeau !

APHANASIE, prenant l'enfant.

Ah! je le tiens!... (Elle sort à gauche, emportant l'enfant sous son tablier.

ROCAILLON.

Nieras-tu, grand filou, que cet argent te fût donné par le séducteur?

LORIOT.

C'est vrai... c'est le séducteur d'Aphanasie !

* Loriot, Rocaillon.

** Aphanasie, Loriot, Rocaillon.

ROCAILLON.

D'Aglaé !

LORIOT, *exaspéré.*

Allez-vous continuer longtemps encore à me bombarder d'A-
glaé ?... Vous m'ennuyez, à la fin de ça !

ROCAILLON, *le secouant avec force.*

Ah ! je t'ennuie !... ah ! tu m'insultes !.. Sais-tu que je vais te bri-
ser... *

LORIOT.

A la garde !...

ROCAILLON.

Ne crie pas, drôle !...

SCÈNE X.

LES MÊMES GELINOTTE. **

GELINOTTE, *entrant gaiement et tenant un homard.*

Voilà le... Ciel ! le trottin ! (*Elle veut se débarrasser du homard et*
le jette dans le carton.)

LORIOT, *à Rocaillon, qui le secoue.*

Monsieur !.. vous m'abîmez le larynx !...

ROCAILLON·

Oui, je veux t'étrangler !...

GELINOTTE, *effrayée.*

Un meurtre !... Sauvons-nous! (*Elle sort à gauche.*)

ROCAILLON, *lâchant Loriot.*

Mais non... la loi m'interdit ce plaisir... Et puis, j'aime mieux te
traîner devant les tribunaux, pour te forcer à nommer le père de
cet affreux... (*Il prend le carton, le pose à terre pour saisir l'enfant,*
et trouve le homard.) Que vois-je !...

LORIOT.

Changé en homard !...

ROCAILLON.

Plus d'enfant !... (*Il jette avec rage le homard.*)

LORIOT.

Il y avait un homard avec l'enfant ?... (*Criant.*) C'est le homard
qui a mangé l'enfant ! (*Il se cache la tête dans ses mains.*)

ROCAILLON, *qui cherchait partout, trouvant le chapeau jeté derrière*

* Rocaillon, Loriot.

** Gelinotte, Rocaillon, Loriot.

le comptoir par Aphanasie, et le rejetant avec rage dans le carton.

Oh! je le retrouverai!... je le retrouverai!... (*Il parcourt le théâtre.*)

LORIOT, *hors de lui.*

Et moi, je vengerai l'enfant d'Aphanasie!... (*Trépignant dans le carton.*) Tiens! tiens! carton de malheur!... Tiens! gredin de homard!... tiens, tiens, tiens!...

SCÈNE XI.

LES MÊMES, TOUTES LES DEMOISELLES DU MAGASIN.

APHANASIE, *voyant trépigner sur le chapeau.*

Ciel!... un chapeau de 60 francs!... (*Elle le retire tout aplati.*)

LORIOT, *s'arrêtant consterné.*

Il y avait un chapeau avec le homard?... ça ne peut pourtant pas être le chapeau qui ait mangé le homard!... (*Hors de lui.*) Comment! j'apporte un chapeau, et ce chapeau se trouve être un enfant!... je veux défendre cet enfant, et il se trouve mangé par un homard!... je veux pulvériser ce homard, et j'écrase un chapeau!... Est-ce que ça ne va pas finir, à la fin des fins?... (*Il s'assied sur le fauteuil, à gauche et se croise les bras.*)

CHŒUR.

AIR : *Du duc d'Olonne.*

Étrange conduite!
On dirait, enfin,
Que le diab e habite
Notre magasin!

SCÈNE XII.

LES MÊMES, MADAME BATAVIA. *

MADAME BATAVIA, *entrant gaiement.*

Eh bien, eh bien, allons-nous souper?

ROCAILLON, *la voyant.*

Miséricorde!... Est-ce une apparition?...

MADAME BATAVIA, *apercevant Rocaillon.*

Bonté du ciel!...

ROCAILLON.

Elle!...

* Loriot, madame Batavia, Rocaillon, les autres, deuxième plan.

MADAME BATAVIA.

Lui!..

ROCAILLON.

Scabieuse!...

MADAME BATAVIA.

Rocaillon!... (*Tombant pâmée sur Loriot.*) Je me meurs!...

LORIOT.

Voulez-vous vous lever!... (*Criant.*) Otez ça!... enlevez ça!...
(*Il la repousse dans les bras de Rocaillon, qui la jette sur le fauteuil
à droite.*)

ROCAILLON, *cherchant à s'évader, et retenu par les demoiselles.*

Pour Dieu, mesdemoiselles, laissez-moi fuir!

MADAME BATAVIA, *se relevant vivement.*

Fuir, infâme! fuir!... Qu'as-tu fait de notre fille?*

ROCAILLON.

Demandez plutôt, madame, ce que votre fille a fait

MADAME BATAVIA.

Que m'importe?... Où est-elle, que je l'embrasse... que je lui
donne toute ma fortune?...

ROCAILLON, *vivement.*

Sa fortune?...

MADAME BATAVIA.

Oui, monsieur!... Un fonds achalandé par la pointe Saint-Eusta-
che, et pas mal de rentes sur le grand-livre!

ROCAILLON, *fièrement.*

Madame... j'avais donné à votre fille l'exemple de toutes les ver-
tus, les principes les plus purs, en la plaçant dans un magasin de
modes... (*Changeant de ton.*) Vous dites que votre fonds est achalandé?...

MADAME BATAVIA.

Oui, monsieur.

ROCAILLON, *à part.*

Elle est encore très-bien, cette femme!... (*Haut.*) Et c'est au moment où je lui destinais pour mari mon ami Chipmann!...

LORIOT, *se levant, vivement.*

Chipmann!...

ROCAILLON.

Ne m'interrompez pas, vous!... (*A madame Batavia.*) Un homme
riche, un tailleur à son aise...

LORIOT.

Un tailleur!...

ROCAILLON.

Ne m'interrompez pas, vous! (*A madame Batavia*) Ce tailleur,
trompé par sa première femme, qui vient de mourir à Alger dans un
régiment de spahis...

* Loriot, Rocaillon, madame Batavia, les autres, deuxième plan.

LORIOT.

Qu'entends-je!

ROCAILLON.

Voulez-vous bien ne pas m'interrompre, vous !

LORIOT.

Ne pas vous... quand c'est moi qui... quand c'est par ma faute que...

ROCAILLON.

Est-ce que par hasard... Retournez-vous donc !... (*Loriot se retourne.*) En effet!... je me disais aussi... Cette figure-là ne m'est pas inconnue!... Mais, alors, puisque c'est vous... apprenez que Chipmann...

LORIOT.

Oh! le patron ne me pardonnera jamais !

ROCAILLON.

Mais, au contraire... depuis la mort de son infidèle épouse, il est si heureux, qu'il vous cherche partout pour vous asso...

LORIOT.

M'assommer !...

ROCAILLON.

Non !... pour vous associer à sa maison.

LORIOT.

Se peut-il?... la fortune me sourirait encore!... et c'est au moment... Oh ! n'importe, soyons honnête homme... immolons mon amour à la vertu. * (*A Aphanasie.*) Mademoiselle, je vais être riche, mais le bonheur n'est plus fait pour moi... Tenez, voici votre ruban, votre jarretière, votre bobine, votre gâteau de violette et votre bouquet de Nanterre... rentrez-y !

APHANASIE.

Comment! c'était vous ?...

LORIOT.

C'était moi qui vous adorais en silence, entre cuir et flanelle... mais vous avez retrouvé votre père, votre mère, votre petit... soyez heureuse... Adieu !

MADAME BATAVIA.

Ma fille !... Ah! la voix du sang ne trompe jamais ! (*Elle se précipite dans les bras d'Aphanasie.*)

* Aphanasie, Loriot, Rocaillon, madame Batavia.

SCÈNE DERNIÈRE.

LES MEMES, BURIDAN. *

BURIDAN, *les séparant.*

FINAL.

AIR : *De Colombe et Perdreau.*

BURIDAN.
Mais non !...

ROCAILLON.
Mais non !...

BURIDAN.
Pardon !...

ROCAILLON.
Pardon !...

MADAME BATAVIA.
Messieurs, de grâce, laissez-nous !

BURIDAN *et* **ROCAILLON.**
Ce n'est pas votre fille !

MADAME BATAVIA.
O ciel ! que dites-vous ?

APHANASIE.
Non, mais bientôt vous serez auprès d'elle.

LORIOT, *avec joie.*
O ciel ! ô ciel ! une autre demoiselle !...

BURIDAN.
Mais, avant de partir,
Que son père s'apaise :

ROCAILLON.
Ah ! je me sens fléchir...
(A part.) Puisqu'elle est à son aise.
(Buridan et madame Batavia se groupent autour de Rocaillon.)

LORIOT.
Ah ! soyons mariés !
Je mets, Aphanasie,
Ma fortune et ma vie
A vos tout petits pieds !

CHŒUR.

Nous voilà tous heureux !
En ces lieux plus d'orage ;
Un triple mariage
Va combler tous les vœux.

LORIOT, *au public.*

AIR :

Dans ce carton, changeant, à la baguette,

* Aphanasie, Loriot, Buridan, madame Batavia, Rocaillon, les autres da-
mes, *au deuxième plan.*

L'objet présent en un objet nouveau,
L'auteur n'a cru mettre qu'une layette,
Un nourrisson, un homard, un chapeau.
    Avec lui, luttez de magie!...
  Pour l'attraper de bonne façon;
Faites sortir, messieurs, je vous en prie,
Un grand succès de son carton.

REPRISE DU CHŒUR.

FIN.

Poissy, Imprimerie française et étrangère de G. OLIVIER.